학교 가는 길

케냐에서 미국까지

생각의집

머리말

학교에 갈 때 여러분은 무엇을 타고 가나요? 버스나 자전거를 타기도 하고 엄마 아빠가 차로 데려다주기도 할 거예요. 학교가 가까워서 그냥 걸어가는 친구들도 있을 테고요. 그런데 학교 가는 길에 코끼리를 만나거나 말을 타고 학교에 간다고 상상해보세요. 정말 신이 나겠죠? 인도나 아르헨티나에 사는 친구들은 매일 코끼리를 보고 매일 말을 타고 간다고 해요. 이 세상에는 많은 나라가 있고, 나라마다 학교 가는 길도 가지각색이거든요. 학교에 가기 위해 인도의 친구들은 릭샤를 타고서 복잡한 도심을 달리고, 파푸아뉴기니의 친구들은 보트를 타고 정글을 헤치며, 스위스의 친구들은 케이블카를 타고 산을 내려와요. 우리는 학교가 코앞이라 걸어가도 되지만 학교에 가려면 한 시간 넘게 걸어야 하는 친구들도 많아요.

교실 모습도 나라마다 참 많이 달라요. 인도나 케냐 같은 나라에선 그냥 야외에서 수업을 하거든요. 우리나라 학교에는 컴퓨터도 있지만 그곳의 학교에는 종이와 연필밖에 없답니다.

이 책에서 여러분은 7개 나라의 친구들을 만나게 될 거예요. 그 친구들이 집에서, 학교에서 어떻게 생활하는지 살펴볼 거예요. 나라마다 다른 점도 많겠지만 또래 친구들이니까 같은 점도 많을 거예요. 물론 같은 나라에 살아도 모두가 똑같이 살지는 않지요. 우리나라에서도 어떤 친구는 아침을 굶고, 어떤 친구는 아침에 빵을 먹고, 또 어떤 친구는 밥을 먹잖아요. 인도나 아프리카의 친구들도 집집마다 사는 모습이 다를 거예요. 같은 나라에 살아도 도시에 사는 가족과 시골에 사는 가족이 많이 다르듯이 말이에요. 그래도 이제부터 우리가 만나게 될 7명의 친구는 각 나라의 대표들이랍니다. 얼른 만나보고 싶다고요? 그래요. 우리 함께 친구들을 만나보아요. 릴라, 제리와 에이미, 매리-시사, 스베냐, 자히르, 발렌티나, 모리츠와 함께 학교로 떠나봅시다. 자, 출발!

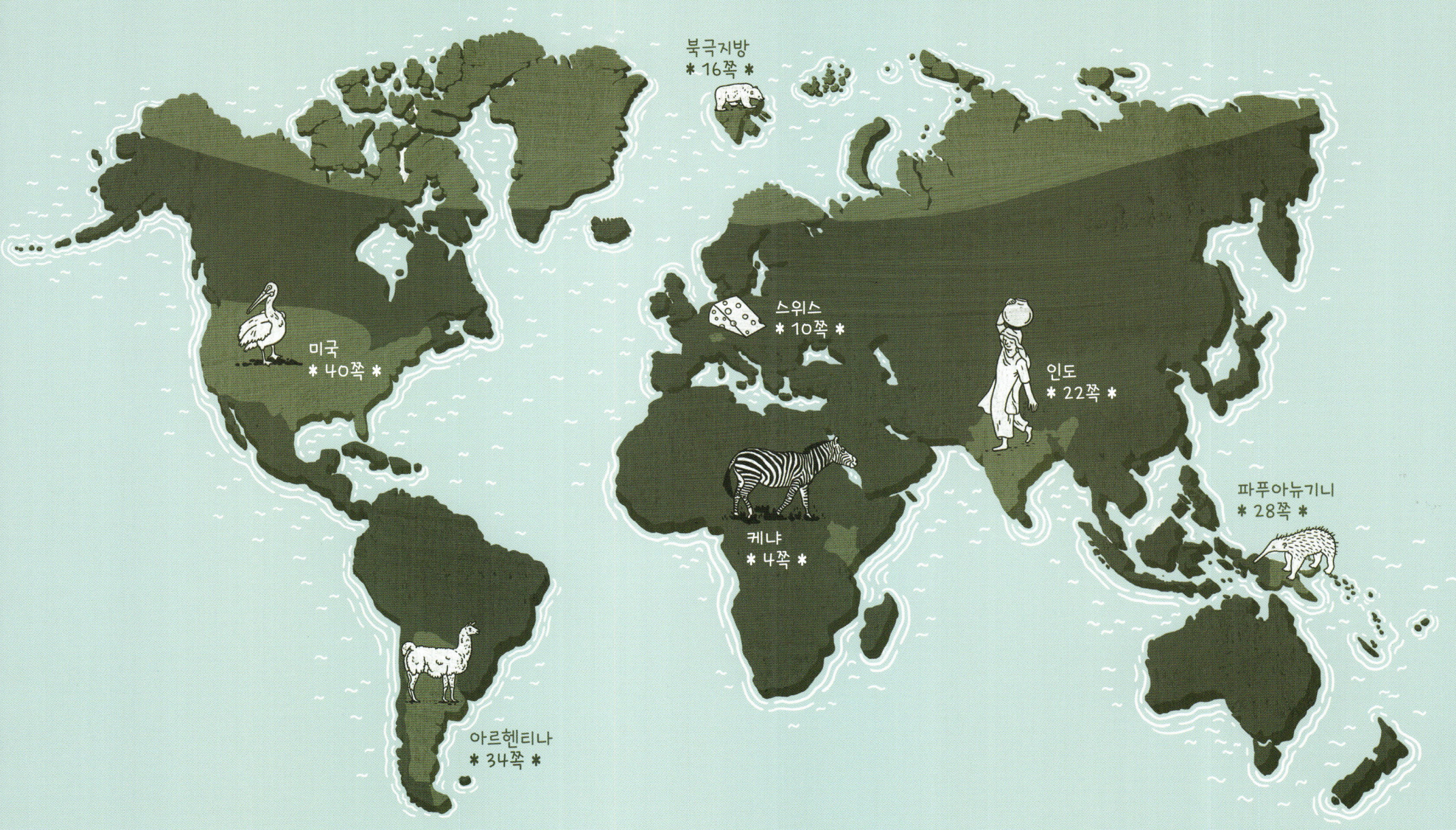

케냐

케냐는 어떤 나라일까요?

케냐는 동아프리카의 한가운데에 있습니다. 인도양과 소말리아, 에티오피아, 남수단, 우간다, 탄자니아 같은 여러 이웃나라들이 케냐를 빙 둘러싸고 있지요. 케냐에는 40개가 넘는 부족이 살고 있어요. 대부분 시골의 작은 마을에 모여서 살고 부족마다 자기 말이 있지요. 농부들은 우기와 건기에 맞추어 옥수수, 밀, 콩, 바나나, 수수, 쌀을 심어 그것으로 먹고 삽니다. 풍년이 들면 양식이 풍족하지만 가뭄이 들면 사람들도 가축들도 배를 주리지요. 케냐에서는 소와 양와 염소를 집에서 많이 기른답니다.

먹고 살려면 뼈 빠지게 일을 해야 하지만 돈이 많다고 다 부자는 아니지요. 아프리카의 자연은 정말로 아름답거든요. 해가 쨍쨍한 해변과 아름다운 빅토리아 호수, 해발 5895미터의 눈 덮인 봉우리를 머리에 이고 불타는 사바나에서 홀로 우뚝 선 킬리만자로. 케냐의 자연은 그야말로 장관입니다. 하긴 그 멋진 자연을 마음껏 누리는 사람은 관광객들이지만요. 케냐에는 동물도 많습니다. 얼룩말과 영양이 떼를 지어 달립니다. 사자와 코뿔소, 버팔로, 코끼리는 스텝의 힘센 왕이지요. 물에는 하마와 상어와 거북이 헤엄을 칩니다. 케냐의 여러 국립공원들은 동물을 보호하기 위해 애쓰지만 밀렵꾼들이 상아와 뿔을 노리고 코뿔소와 코끼리를 몰래 죽인답니다.

적도
적도는 지구를 남북으로 가릅니다. 케냐는 지구의 북쪽과 남쪽에 걸쳐 있어요.

케냐의 친구들은 어떻게 살까요?

킨디키 네는 사바나 한 가운데에 있는 마을에서 삽니다. 도시와는 뚝 떨어져 있지요. 그래서 집도 많지 않고 도로도 없고 가게도 없답니다. 마을에 TV나 컴퓨터가 있는 집도 없어요. 그래도 휴대 전화는 집집마다 있답니다. 킨디키 네 식구들이 사는 집은 방이 하나 밖에 없어요. 부모님은 작은 땅에 콩과 옥수수를 심고 염소 한 마리와 소 한 마리를 키우지요. 킨디키 네는 아이가 6명입니다. 케냐에서는 보통 한 가정에 아이들이 그 정도 됩니다. 자식이 많으면 좋은 점이 많거든요. 아이들은 부모님을 도와 집안일과 들일을 같이 하고 나중에 어른이 되면 늙은 부모님을 보살핍니다. 그렇게 하는 것이 케냐의 전통이거든요. 그렇지만 아이를 많이 낳다보니 인구가 자꾸 늘어나겠지요. 땅은 그대로인데 사람만 많이 지니까 식량이 모자랄 거예요.

킨디키 네의 큰 아이들 자밀라, 사피야, 자히르는 가축을 치고 혹시 맹수들이 와서 물어갈까 봐 가축을 지킵니다. 동생들 알리카, 카디자, 키토는 땔감을 줍고 들일과 집안일을 돕습니다. 오두막에는 수돗물이 없기 때문에 자밀라, 카디자, 사피야, 알리카는 물을 길어 옵니다. 아프리카에서는 물 긷는 일은 여자가 하거든요. 마실 물을 긷자면 몇 킬로미터를 걸어야 합니다.

케냐 사람들은 이렇게 동그란 오두막에서 살아요.

물을 길어요

아침식사

차 (차이)

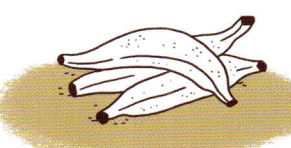
익힌 바나나 (플랜테인)

옥수수죽 (우갈리)

케냐의 친구들은 어떻게 학교에 갈까요?

케냐의 친구들 중에는 학교 근처에서 살지 않는 아이들이 많습니다. 또 모든 아이들이 학교에 다닐 수 있는 것도 아니지요. 생활에 필요한 지혜는 엄마 아빠나 할아버지 할머니께 배웁니다. 어디가면 물을 길을 수 있는지, 소젖과 염소젖은 어떻게 짜는지, 맹수가 달려들면 어떻게 몸을 지킬지 어른들에게 배우지요.

다행이 킨디키 네 아이들은 이웃 마을에 학교가 있고 부모님께서 학구열이 높으신 분들이셔서 모두가 학교에 다닐 수 있습니다. 큰 아이들 자밀라와 사피야와 자히르는 아침마다 옥수수죽과 익힌 바나나, 차를 먹고 교복을 입고 셋이서 함께 학교에 갑니다. 먼지 자욱한 사바나를 한 시간 정도 걸어야 해요. 더울 때는 걷기가 너무 힘들어서 학교에 도착하면 벌써 기운이 하나도 없지요. 이웃집 친구는 자전거가 있어서 그마나 좀 수월하지만 아스팔트가 깔린 매끈한 도로가 없기 때문에 길이 울퉁불퉁해서 자전거를 힘차게 밟아도 빨리 갈 수는 없답니다. 학교에 갈 때는 한시도 한 눈을 팔면 안 됩니다. 맹수들이 낮에도 사바나를 어슬렁거리기 때문이지요. 그래도 케냐의 친구들은 괜찮아요. 어릴 적부터 부모님께 사자와 하이에나와 코끼리를 피하는 법을 배우기 때문이지요. 친구들이 전부 학교에 도착하면 수업이 시작됩니다. 오전 수업과 오후수업이 있는데요, 멀리 걸어서 왔으니까 공부도 많이 해야겠죠.

교복
더운 날씨에 맞게 시원한 모양옙니다.

위험한 동물들
길가에 위험한 동물들이 어슬렁거립니다.

케냐의 학교에서는 무엇을 배울까요?

킨디키 네 아이들이 다니는 학교는 시설이 간소합니다. 책상과 걸상을 운동장에 놓고 거기에 앉아 수업을 하거든요. 큰 나무가 그늘을 드리워주기 때문에 서늘합니다. 나무 밑에는 이동식 칠판을 세워놓습니다. 책이나 지도 같은 것도 없으니까 컴퓨터 같은 비싼 물건이 있을 리 없겠죠? 연필하고 종이밖에 없지만 그것만 있어도 글은 쓸 수 있고 계산은 할 수 있으니까 괜찮습니다.

학생이 백 명보다 많아도 선생님은 한 분 뿐입니다. 그래서 학생 한 명 한 명에게 일일이 신경을 써줄 수가 없어요. 초등학교는 무상교육이고 소박하지만 공짜로 급식도 나옵니다. 물도 넉넉하게 마실 수 있고요. 도시에 가면 시설 좋은 사립학교가 있지만 교육비가 비싸기 때문에 다닐 수 있는 아이들이 많지 않지요.

시골에 사는 아이들은 학교에 처음 가면 무척 낯섭니다. 하루 종일 꼼짝도 못하고 가만히 앉아 있자니 좀도 쑤시고요. 집에 있을 때 하루 종일 바쁘게 뛰어다녔으니까요. 그래도 훌륭한 사람이 되려면 열심히 공부해야 합니다. 또 엄마 아빠가 글을 읽을 줄 모를 때 학교에서 글자를 배워 엄마 아빠를 도와줄 수 있어요. 하지만 집안 일도 하고 학교까지 한 참 걸어서 가야하고 또 공부도 열심히 해야 하니까 정말 고생이 많겠지요.

우리말	스와힐리어
학생	와나푼지
가족	파밀리아
집	늄바니
동물	마지
아침	완야마
친구	키푼과 키니와
등굣길	라피키
	은지아 야 다 슐레

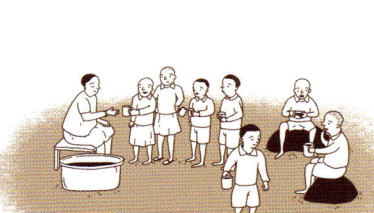

점심식사
사립학교나 기숙학교 학생들은 매일 배부르게 점심밥을 먹습니다.

아침조회
큰 학교에서는 전교생과 선생님들이 한 자리에 모여 아침 조회를 합니다. 케냐의 국기도 계양하지요.

스위스

독일
보덴 호
오스트리아
프랑스
바젤
산속 오두막
베른
로잔
제네바 호수
제네바
샤무아
치즈
루가노
마조레 호수
회중시계
이탈리아

알프호른
스위스 산에서 부는 악기입니다.
나무로 만들고요.
긴 것은 길이가 10미터도 넘지요.

알프호른
젖소

스위스는 어떤 나라일까요?

스위스는 유럽 한 가운데에 있는 작은 나라입니다. 독일, 오스트리아, 리히텐슈타인, 이탈리아, 프랑스가 빙 둘러싸고 있어요. 스위스는 고급 시계와 초콜릿, 구멍이 숭숭 뚫린 에멘탈 치즈가 특산품입니다. 알프스 산도 유명한데요. 그 중에서도 마터호른 산이 제일 유명하답니다. 이 산은 높이가 해발 3천 미터가 넘는다고 해요.

높은 산들 사이에는 천 개가 넘는 그림 같은 호수들이 펼쳐져 있습니다. 큰 호수도 있고 작은 호수도 많아요. 그래서 전 세계 관광객들이 스위스로 우르르 몰려가는 것이겠지요. 여름에는 등산을 하거나 호수에서 배를 타고요 겨울에는 스키를 탄답니다.

하지만 스위스 사람 대부분은 계곡에서 살아요. 취리히, 베른, 바젤, 제네바 같은 큰 도시들이 낮은 계곡에 있으니까요. 사는 곳에 따라 쓰는 말도 달라서 독일어, 프랑스어, 이탈리아어, 레토로만어를 쓴답니다. 스위스에서 쓰는 독일어는 특이해요. 독일에서 쓰는 독일어랑 너무 달라서 완전히 다른 나라 말 같아요. 그래서 스위스 사람들은 자기들이 쓰는 독일어를 "슈비처 뒤치", 즉 스위스 독일어라고 부른답니다.

스위스의 친구들은 어떻게 살까요?

모리츠 브루너는 도시에 사는 친구들의 부러움을 한 몸에 받고 있어요. 친구들이 꼭 한번 살아보고 싶은 곳에서 살고 있거든요. 그곳이 어디냐고요? 스위스 알프스 산의 제일 꼭대기에요. 여름에는 풀밭에서 마음껏 뛰어놀 수 있고 겨울이면 지칠 때까지 스키를 탈 수 있어요. 모리츠의 스키 실력은 프로 선수 못지않답니다. 그래도 가끔은 외로울 때가 있어요. 이웃이 없으니까 같이 놀 친구가 없거든요. 부모님은 농부세요. 서른 마리의 소를 푸른 풀밭에 풀어 방목한답니다. 해가 뜨면 소들을 풀밭으로 몰아내고 해가 지면 소들을 다시 우리로 데려와 젖을 짜야 해요. 모리츠도 부모님 일손을 도와야 하기 때문에 아침 일찍 일어납니다. 소를 몰고 다니면 힘들 때도 많지만 재미있고 즐거울 때가 더 많아요. 이곳에선 소들도 가족이니까요. 모리츠는 서른 마리 소의 이름을 다 외우고 있어요. 소들을 풀밭에 풀고 나면 아침을 먹지요. 모리츠는 뮈슬리를 무척 좋아한답니다. 뮈슬리를 다 먹고 나면 바싹한 크루아상에 집에서 직접 만든 잼을 발라서 먹어요. 목이 메면 오보말티네를 마시죠. 오보말티네는 카카오, 엿기름, 방금 짠 우유를 섞어 만든 달콤한 음료랍니다. 이 차를 마시고 나면 힘이 불끈 솟기 때문에 힘든 하루도 거뜬하게 날 수 있어요.

뢰스티
영양 많은 스위스 대표음식이에요. 감자를 갈아서 베이컨을 넣고 프라이팬에 부친답니다.

아침식사

크루아상
(기펠리)

뿌리 모양 빵
(부르첼브로트)

스크램블 에그
(뤼에라이)

오보말티네

차

우유

귀리죽
(뮈슬리)

요구르트

샤무아와 알프스 산양
거친 알프스 고산지대에서
사는 동물이에요.

우편 버스
눈이 와도 얼음이 얼어도
스위스 산간 오지 마을을
운행한답니다.

스위스 친구들은 어떻게 학교에 갈까요?

주변의 산간 마을에서 아이들이 작은 도시의 학교로 몰려옵니다. 도시는 계곡 맨 아래에 있어요. 산간 마을의 학교들은 학생이 없어서 오래 전에 문을 닫았지요. 학교 근처에 사는 아이들은 걷거나 롤러스케이터를 타거나 자전거를 타지만 멀리 사는 아이들은 노란 우편 버스를 탑니다. 우편버스가 아침과 점심에는 스쿨버스로 변신하거든요. 겨울에는 스키나 스케이트를 타고 학교에 오는 아이들도 많아요.

모리츠는 학교에서 제일 먼 곳에 살아요. 집에서 시내까지 가려면 한 시간 넘게 걸리거든요. 학교를 마치고 산속 집으로 돌아오는 길은 더 오래 걸리고 더 힘이 들지요. 그래서 케이블카를 운행하면 너무 신이 난답니다. 하지만 케이블카는 관광객이 많은 겨울과 여름에만 운행을 해요. 케이블카에 오르면 학교 가는 길은 제일 힘든 길이 아니라 제일 멋진 길이 되지요. 모리츠는 편안하게 앉아서 산을 내려갑니다. 농가 앞에 서 있는 소가 몇 마리인지 세고, 운이 좋으면 바위를 뛰어다니는 샤무아와 알프스 산양도 볼 수 있어요. 마음만 먹으면 케이블카 안에서 공부를 할 수도 있겠지만 풍경에 정신이 홀딱 빠져서 구경하다보면 어느새 도착이랍니다. 알프스 산꼭대기엔 여름에도 눈이 하얗게 덮여 있거든요.

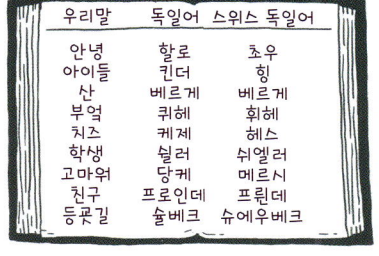

우리말	독일어	스위스 독일어
안녕	할로	초우
아이들	킨더	힝
산	베르게	베르게
부엌	퀴헤	휘헤
치즈	케제	헤스
학생	쉴러	쉬엘러
고마워	당케	메르시
친구	프로인데	프린데
등굣길	슐베크	슈에우베크

스위스의 학교에서는 무엇을 배울까요?

스위스는 부자 나라이기 때문에 학교에는 현대식 책상과 편안한 의자, 칠판, 지도, 컴퓨터가 있어요. 교과서와 노트는 물론이고 연필과 볼펜까지도 공짜로 나누어준답니다. 선생님은 과제를 내주시고 아이들이 문제를 풀 때 옆에서 도와주십니다. 아이들은 혼자서 과제를 하거나 소그룹으로 나누어 집단 활동을 하기도 해요. 누구나 자기 생각을 마음껏 발표할 수 있고 친구를 힘껏 도와주지요.

학교에 입학하면 독일어를 다시 배워야 해요. 왜죠? 아, 그건 스위스에서 쓰는 독일어가 표준 독일어랑 많이 다르기 때문이에요. 집에서 부모님과 이야기를 나눌 때는 괜찮아도 책이나 신문을 읽으려면 표준 독일어를 알아야 하거든요. 특히 높은 산에 사는 주민들에겐 독일어가 완전히 외국어나 다름없어요. 그래도 신기하게 다들 잘 알아듣는 답니다. 모리츠도 그래요. 여름에 산속 집 앞을 지나다니는 관광객들한테서 표준 독일어를 많이 들었거든요.

스케이트와 하키
스위스에서 제일 인기 좋은 스포츠 종목이에요. 겨울뿐 아니라 사시사철 인기가 높지요.

학생등하교길 지도원
학교 앞 횡단보도에서 학생들이 안전하게 도로를 건널 수 있게 도와줍니다.

북극지방

북극지방은 어떤 곳일까요?

북극을 빙 둘러 얼음으로 덮인 북극지방이 펼쳐져 있습니다. 유럽과 아시아의 북부는 물론이고 미 대륙의 북쪽 지역까지 넓게 아우르고 있지요. 그 중심에 북극해가 있어요. 이곳은 대부분의 땅이 일 년 내내 두꺼운 얼음으로 덮여 있답니다. 그래도 여름이 되면 얼음과 눈이 녹아서 식물이 자랄 수 있어요. 이끼류와 지의류가 대부분이지만 남쪽으로 쭉 내려가면 키 작은 나무와 잡목들도 고개를 내밀거든요. 농사를 지을 수 없는 외진 땅이다 보니 사람이 많이 살지는 않아요. 제일 사람이 많이 사는 나라는 스칸디나비아이고요, 시베리아, 그린란드, 캐나다, 알래스카에도 사람이 살아요. 유럽의 제일 북쪽에는 스피츠베르겐 섬이 있고 그곳에서 제일 큰 도시가 롱위에아르뷔엔이에요. 북극에서 불과 1천 킬로미터밖에 안 떨어진 이 섬은 노르웨이 땅이고 노르웨이어로 "스발바르제도"라고 부르지요. 롱위에아르뷔엔에 일 년 내내 사는 주민은 2천 명 정도랍니다. 그러니까 북극에서 제일 힘이 센 북극곰이 사람보다 더 많이 살지요. 북극곰은 눈과 비슷한 흰색의 두꺼운 털옷을 입고 있어서 사람들 눈에 잘 띄지 않고 추위에도 잘 견딘답니다. 얼음물에서 헤엄을 쳐도 끄떡없다고 하네요. 북극곰은 얼음굴에 들어가서 제일 좋아하는 바다표범을 사냥해요. 바다표범이 없을 땐 물고기, 바다코끼리, 순록도 잡아먹어요.

북극지방의 친구들은 어떻게 살까요?

라르센 네는 아이가 둘입니다. 스베냐와 헨릭은 부모님과 함께 일 년 내내 롱위에아르뷔엔에서 살아요. 많은 사람들이 섬을 떠나는 겨울에도 이곳에서 살지요. 아버지가 노르웨이 해안 경비대라서 추운 겨울에도 해안을 지켜야 하거든요. 하지만 스베냐와 헨릭은 이곳에서 태어나지 않았어요. 큰 병원이 없어서 아이를 낳으려면 노르웨이 육지로 비행기를 타고 날아가야 하거든요. 롱위에아르뷔엔는 평소에도 생활하기 편한 곳은 아니에요. 바깥세상으로 나가는 유일한 길은 페리 호 밖에 없고, 겨울에는 그것마저 안 다니기 때문에 트롬쇠로 비행기를 타고 가야 해요. 채소와 야채, 신선식품은 배나 비행기로 날아와야 하기 때문에 가격이 엄청 비싸지요. 겨울이 되면 춥기도 하지만 깜깜한 것도 큰 문제예요. 몇 달 동안 해가 아예 뜨지 않거든요. 그래도 스베냐는 괜찮아요. 오래 살다보니 추운 것도 깜깜한 것도 익숙해졌어요. 검

붉은 페인트칠을 한 집 안으로 들어가면 따뜻하고 환하고 고슬고슬해요. 그래서 겨울에는 집에서 TV를 많이 본답니다.

여름이 되면 거꾸로 하루 종일 환해요. 봄에 다시 해가 뜨기 시작하면 스베냐와 친구들은 당장 밖으로 달려 나가 스키도 타고 썰매도 타면서 눈밭을 뒹굴죠. 하지만 집에서 너무 멀리 가면 안 돼요. 북극곰이 먹을 것을 찾아 도시 근처까지 오기 때문이에요. 그래서 어른들이 아이들을 데리고 산이나 해변으로 소풍을 갈 때는 혹시 북극곰이 습격할지 모르기 때문에 꼭 총을 한 자루 들고 간답니다.

아침식사

요구르트와 섞은 뮈슬리
(요거트 메드 뮤즐리)

귀리죽
(하브레그로트)

잼 바른 빵
(브로 메드 실테토이)

청어절임
(수쉬드)

브라운 치즈
(브루노스트)

우유나 주스
(멜 엘러 유스)

커피나 차
(카페 엘러 테)

북극지방의 친구들은 어떻게 학교에 갈까요?

롱위에아르뷔엔은 큰 도시가 아니기 때문에 학교 가는 길도 멀지 않아요. 하지만 개학을 하는 8월 말이면 벌써 날씨가 추워지기 때문에 따듯하게 입어야 해요. 모자도 쓰고 장갑도 끼고 두꺼운 외투도 입어야 해요. 근처 산에는 8월 말부터 눈이 내리거든요. 학교 가는 길의 길가에는 순록 몇 마리가 어슬렁거려요. 그래도 북극곰은 안 만났으면 좋겠어요. 겨울이 되면 스베냐는 스키를 타고 학교에 가지요. 그럼 학교까지 금방 갈 수 있고 아침부터 겸사겸사 운동도 할 수 있어요. 학교에 도착하면 스키는 아무 데나 눈에 푹 꽂아두고 교실로 들어가면 돼요. 멀리 사는 친구들은 부모님이 스노모빌로 학교까지 데려다주세요. 스베냐는 조금 더 자라면 아빠의 스노모빌을 혼자서 몰고 학교에 올 수 있을 거예요. 스노모빌은 다른 나라에서 많이 타는 오토바이보다 몰기도 쉽고 또 더 안전하거든요. 롱위에아르뷔엔에 사는 아이들은 눈 폭풍이 불거나 기온이 갑자기 떨어져도 휴교할지 모른다는 기대하지 못해요. 아무리 날씨가 험악해도 이곳 사람들은 거뜬히 이겨낼 수 있고 또 실내는 난방이 잘 되거든요. 아이들이 벗어놓은 두꺼운 외투와 장화도 다 놓아둘 수 있을 만큼 교실이 널찍해요. 교실 안에선 실내화만 신고 편안하게 공부할 수 있어요.

국제종자 저장고
식물을 보관하는 노아의 방주 같은 곳이에요. 전 세계에서 자라는 1백 만 종에 가까운 식물의 씨앗을 콘크리트 창고 안에 보관하지요. 창고 안이 서늘하기 때문에 큰 일이 생겨도 씨앗들이 무사히 살아남을 거예요.

카약
북극지방에서 인기가 높은 스포츠 종목이에요. 하지만 물이 너무 차갑기 때문에 배가 뒤집히지 않게 조심해야 해요.

사냥
고학년 학생들만 할 수 있어요. 반드시 선생님과 함께 가야 해요.

북극곰 경고표지판
스피츠베르겐 곳곳에는 이런 경고표지판이 서 있습니다. 하지만 북극곰이 시내로 들어올 일은 거의 없어요.

북극 지방의 학교에선 무엇을 배울까요?

롱위에아르뷔엔의 학교는 세계에서 제일 북쪽에 있는 학교입니다. 1학년에서 10학년까지 전교생을 다 합쳐도 2백 명이 조금 넘을 정도로 학생 수가 적어요. 그래서 서로서로 다 잘 알지요. 이곳의 친구들은 수학, 생물, 영어처럼 우리가 배우는 과목도 공부하지만 우리가 모르는 특별한 지식도 배운답니다. 이를테면 생물 시간에 바다표범, 바다코끼리, 흰돌고래, 갈매기처럼 이곳에서만 사는 동물에 대해서도 공부를 하거든요. 또 실생활에 필요한 여러 가지 지식도 배운답니다. 북극곰을 쫓는 방법이나 눈사태가 났을 때 대피하는 요령 같은 것들이죠. 고학년 친구들은 선생님과 함께 사냥을 가서 순록 쏘는 법을 배운답니다.

해마다 스베냐의 반에는 새 친구들이 전학을 옵니다. 스피츠베르겐에 잠시 머물다가 다시 육지로 돌아가는 가족이 많기 때문이지요. 학기가 시작되면 새 친구가 왔다가 정이 들 만하면 다시 작별을 해야 합니다. 라르센 네도 언제까지 이곳에 살지 알 수 없지요. 그래도 지금 이 순간만은 온 가족이 이 특별한 도시에서 행복하게 살고 있답니다.

인도

인도는 어떤 나라일까요?

인도는 자기가 무슨 작은 대륙이라도 되는 양 아시아의 남쪽 끝에 딱 달라붙어 있어요. 북쪽의 히말라야 산맥에는 세계에서 제일 높은 봉우리가 있습니다. 히말라야에서 시작된 갠지스 강은 제일 소중하고 성스러운 강이지요. 남쪽에선 인도양의 파도가 철썩이고요. 대부분의 지역은 무척 덥지만 몇몇 산악지역은 아주 춥습니다. 또 해마다 몬순이 찾아와서 비를 억수로 퍼붓기 때문에 홍수가 많이 나지요. 인도에는 1억 4천만 명의 사람들이 살고 있어요. 세계 인구의 5분의 1 가량을 차지합니다. 그래서 인도는 인구밀도가 제일 높은 나라이지요. 특히 델리, 뭄바이, 캘커타 같은 대도시는 1천만 명이 넘는 사람들이 살고 있어서 어디를 가나 사람이 우글우글합니다. 인도에는 다양한 민족이 살고 있기 때문에 100가지가 넘는 언어가 사용되고 있습니다. 곁들여 사용되는 문자의 종류도 엄청나게 다양하지요. 대다수는 힌두교를 믿지만 이슬람교나 불교, 기독교를 믿는 사람들도 있습니다.

인도의 친구들은 어떻게 살까요?

람 네는 갠지스 강변의 큰 도시에 삽니다. 좁은 땅에 엄청 많은 사람이 살고 있어서 일자리가 부족하지요. 람 네도 다른 친구네처럼 정말 가난하답니다. 그래서 나무와 골함석으로 식구들이 직접 집을 지었지요. 그래도 람 네는 전기와 수도는 들어오니까 다른 친구들 집에 비하면 잘 사는 셈입니다. 인도 사람들이 대부분 그렇지만 람 네 식구들도 매운 음식을 좋아합니다. 그래서 아침부터 야채 카레, 새콤달콤하거나 매운 처트니 소스를 끼얹은 팬케이크, 인도식 스튜인 달을 먹습니다. 람 네는 아이가 넷입니다. 릴라, 발데브, 아지트, 자이는 운이 좋아서 모두 학교에 다닙니다. 가난한 가정의 많은 아이들이 돈을 벌어야 하기 때문에 학교에 다닐 수가 없거든요. 여자 아이들은 옷을 짓거나 양탄자를 짜고 남자아이들은 공장이나 채석장에서 일합니다. 원래는 금지되어 있지만 아이들도 돈을 벌어 집안에 보태야 하거든요.

물론 릴라는 여자라서 남자 형제들과 똑같은 취급을 받지 못합니다. 인도의 부모들은 아들을 더 소중하게 생각합니다. 나중에 늙어서 아들이 부모를 부양하거든요. 국가가 운영하는 국민연금제도가 없기 때문이에요. 릴라 같은 여자 아이들은 결혼을 하면 부모님 곁을 떠나 남편의 집으로 가야 합니다. 신부의 부모는 신랑의 가족에게 비싼 지참금 −돈이나 보석−을 주어야 합니다. 그것이 인도의 전통이니까요.

아침식사
인도에선 온가족이 바닥에 앉아서 밥을 먹습니다. 그것이 인도의 전통이지요. 그릇 대신 바나나 잎에 밥을 담아서 수저 대신 손으로 먹는 답니다.

튀긴 야채 만두
(사모사)

튀긴 빵(푸리)에
병아리 콩을 곁들인다.

쌀과 감자와 양파
(포하)

쌀가루 팬케이크와
요구르트와 인도향신료
처트니 (마살라 도사)

설탕을 많이 넣은
차나 커피

인도의 친구들은 어떻게 학교에 갈까요?

인도 사람들은 원래 화려한 색깔을 좋아합니다. 특히 여자들은 알록달록한 옷을 많이 입지요. 그 중에서도 긴 천을 멋스럽게 몸에 두른 사리는 인도 여자들이 입는 전통 옷입니다. 하지만 학생들은 그런 옷을 입지 못합니다. 릴라, 발데브, 아지트, 자이는 아침마다 학교에 갈 때 교복으로 갈아입습니다.

집에서 나서자마자 거리는 사람들로 북적입니다. 도로가에서는 여자들이 가판대를 펼쳐놓고 과일과 야채를 팔고, 음식을 조리해서 팔기도 합니다. 자동차와 버스, 오토바이, 자전거가 경적을 올리고 소음을 내면서 이리저리로 마구 달리지요. 길가에는 신성한 소가 누워 있고 어떤 때는 코끼리가 도로를 가로지르기도 합니다. 신호등이 거의 없고, 있어도 사람들이 무시하고 달리기 때문에 도로를 건너려면 무척 조심해야 합니다. 돈이 있으면 릭샤를 불러 타면 됩니다. 릭샤는 자전거 택시인데 느리지간 안전하게 이 혼잡한 도로를 뚫고 손님을 목적지까지 태워다 줍니다. 전동 릭샤

도 있지만 도로가 워낙 혼잡해서 빨리 달리지는 못합니다. 그래도 수많은 전동 릭샤가 엄청난 소음과 배기가스를 뿜어대며 인도의 모든 도심을 달립니다. 전동 릭샤는 살짝 손을 봐서 스쿨버스로 사용하기도 하는데 많이 태우면 스무 명의 아이들을 태울 수 있지요.

소
힌두교에서 숭배하는 성스러운 동물입니다. 그래서 죽이면 안 됩니다.

자전거 릭샤

사리

인도의 학교에선 무엇을 배울까요?

인도에서도 돈이 많은 집에선 아이들을 비싼 사립학교에 보냅니다. 북인도의 도시 러크나우에는 세계에서 제일 큰 학교가 있는데 학생이 자그마치 5만 명이나 된다고 해요. 하지만 릴라 같은 대부분의 아이들은 학교가 초라하고 불편해도 참아야 해요. 교실은 볼품없는 건물이고 칠판이나 현대식 기기 같은 것도 없어요. 시골에선 전교생이 한 교실에서 공부하는 학교도 있어요. 그마저도 교실이 없어서 야외나 다리 밑에서 공부하는 아이들도 많아요. 공립학교는 무료지만 슬프게도 시골에는 선생님이 부족해요. 그래서 80명이 한 교실에서 공부를 하기도 한답니다. 그럼 시끄러워서 집중하기가 힘들겠지요. 글쓰기, 셈하기, 자연 시간 이외에 체육 시간도 있어요. 하키와 크리켓이 제일 인기 높은 스포츠 종목이지요. 아지트와 형제들은 영어 공부를 열심히 해요. 그래야 나중에 괜찮은 직장을 구할 수 있거든요.

책상과 걸상이 부족해서 학생들이 바닥에 앉아서 공부를 합니다.

우리말		힌디어
학교	스쿨	स्कूल
아이들	밧체	बच्चे
코끼리	하티	हाथी
친구	도스트	दोस्त
거리	사닥	सड़क
학급	바륵	वर्ग
소	가이	गाय
등굣길	스쿨 카 라스타	स्कूल का रास्ता

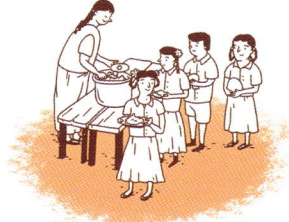

점심식사
쌀과 야채, 렌틸 콩에 소스를 끼얹어서 먹어요.

인기 높은 스포츠
크리켓과 하키

교복
학교마다 교복이 있어요. 교복이 있으면 학생들이 서로 경쟁하며 비싼 옷을 사 입지 않아서 좋아요.

파푸아뉴기니

파푸아뉴기니는 어떤 나라일까요?

파푸아뉴기니는 지구에서 두 번째로 큰 섬인 뉴기니 섬의 동쪽에 자리 잡은 도시국가입니다. 가지각색의 섬들이 줄지어 늘어선 멜라네시아의 일부이지요. 원시림이 울창한 높고 뾰쪽한 산들이 섬 전체를 가로지르고 있답니다. 그 산 곳곳에는 바깥 세상과 담을 쌓은 오지 산간 마을이 숨어 있습니다. 그런 곳에 도로가 있을 리 없겠지요. 경비행기 활주로가 바깥과 통하는 유일한 길인 마을도 적지 않습니다. 경비행기가 우편물과 의약품을 실어 나르거든요.

계곡과 해안에는 열대 우림이 울창합니다. 기온은 높고 습기가 많지요. 극락조, 나무타기 캥거루, 지상에서 제일 큰 나비 같은 특이한 동물이 그곳에서 살고 있어요. 파푸아뉴기니는 수도가 있는 큰 섬 말고도 천 개 이상의 작은 섬들로 이루어진 나라입니다. 그 작은 섬에도 사람들이 살고 있지만 대부분 세상과 왕래하지 않습니다. 그렇게 서로 오가지 않고 뚝 떨어져 살다보니 언어와 생활방식이 가지각색이랍니다. 파푸아뉴기니는 860개가 넘는 언어가 사용되어서 세계에서 가장 언어가 풍성한 나라입니다. 그래서 서로 말을 알아들을 수 있게 톡 피신을 만들어 사용하고 있지요. 오지 마을에선 지금까지도 자기들의 전통과 풍습을 지킵니다. 그곳에선 돼지를 제일 소중한 재산으로 귀하게 여깁니다. 훌리 위그먼 족이 유명한데요, 이 부족의 남자들은 마을에 특별한 일이 있을 때 진짜 머리카락으로 만든 화려한 가발에 알록달록한 극락조의 깃털을 꽂아 치장을 하지요.

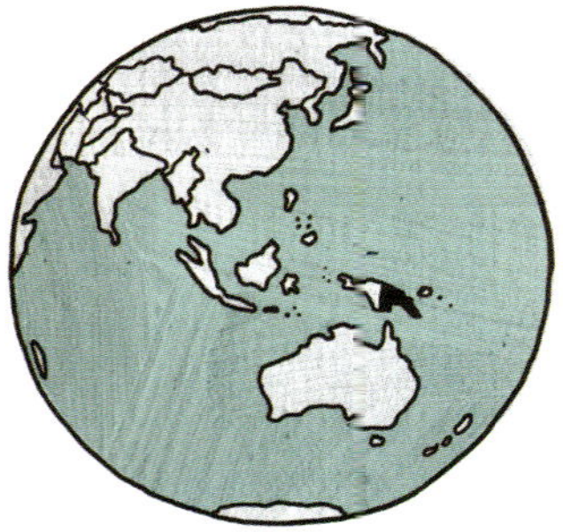

파푸아뉴기니의 친구들을 어떻게 살까요?

파푸아뉴기니에는 도시가 몇 개 없어요. 대부분의 사람들은 시골에서 살지요. 8살 매리 시사는 부모님과 동생 4명과 함께 열대 우림의 한 복판에서 살아요. 나무줄기와 야자나무 잎으로 가족이 직접 지은 집에는 방이 하나밖에 없습니다. 이곳에선 땅에 기둥을 세우고 그 위에 집을 지어요. 혹시 야생동물이 들어올 수도 있고 우기에 집이 비에 젖어버릴 수도 있거든요. 시골에는 대부분 전기가 들어오지 않기 때문에 TV도 인터넷도 안 된답니다. 그 대신 모두가 자연과 더불어 살 수 있어요. 매리 시사의 집 앞에는 큰 밭이 있습니다.

부모님은 그곳에 채소를 심고 파인애플과 망고, 코코넛야자, 파파야를 키우지요. 고기가 식탁에 오르는 일은 드물어요. 가끔 닭고기나 강에서 잡은 생선을 먹을 때는 있지만 돼지는 잔칫날이 아니면 절대 잡지 않습니다. 해안가에 사는 사람들은 사고야자를 주식으로 먹어요. 야자나무를 베어 줄기에서 심을 뜯어내고 심에서 전분을 뽑아낸 다음 그것을 밀가루처럼 가루로 만듭니다. 정말로 힘든 작업이기 때문에 온 가족이 나서서 일손을 거듭니다. 엄마는 사고야자 전분 가루로 팬케이크를 굽지요. 뉴기니에선 그 음식을 끼니때마다 먹습니다. 또 나무속에는 작은 애벌레가 많이 사는데 이곳 사람들은 그 애벌레를 잡아먹는 답니다. 맛도 좋고 영양가도 높아서 인기가 높은 음식이지요. 먹을 것 말고도 열대 우림은 많은 선물을 안겨줍니다. 열대 우림의 나무로는 집을 짓고 땔감으로도 사용하며 북이나 대나무피리 같은 악기도 만들 수 있어요. 아기 장난감도 나무나 나뭇잎으로 직접 만든답니다.

돼지
뉴기니 사람들의 재산 목록 1호입니다. 그래서 먼저 돼지에게 밥을 먹이고 난 후에 사람들이 식사를 하지요.

아침식사

사고 야자 애벌레
(올 리크리크 스낵 롱 삭삭)

사고야자 녹말로 만든 납작빵
(켁 빌롱 삭삭)

파파야 (포포)

망고 (망고)

파인애플 (파인냅)

코코넛 열매 (쿨라우)

파푸아뉴기니의 친구들은 어떻게 학교에 갈까요?

매리 시사는 혼자 학교에 갑니다. 동생들은 아직 어려서 학교에 다닐 나이가 아니거든요. 하지만 열대우림에 있는 학교까지 가는 길은 쉽지 않습니다. 도로가 없거든요. 울창한 밀림을 헤치고 사람들이 오래 밟고 다녀서 생긴 작은 오솔길이 있기는 하지만 워낙 가파른데다 곳곳에 급류가 있어 무척 위험합니다. 그래서 매리 시사는 친구들 몇 명과 같이 카누를 타고 강을 내려갑니다. 그렇게 가는 것이 제일 안전하고 빠르거든요. 카누는 아버지가 직접 만드셨어요. 땀을 뻘뻘 흘리며 한 시간 가량 노를 젓지요. 그렇게 학교를 오고 가면 따로 운동을 할 필요가 없어요. 카누에서 내려도 학교까지는 아직 조금 더 걸어야 합니다. 카누를 조심조심 나무줄기에 묶어 두고 나무다리를 건너 숲길을 걸어갑니다. 고학년 친구들은 정글 칼을 들고 다녀요. 풀이나 나무에 가려 길이 막히면 그 칼로 길을 내며 갑니다.

종
수업 전에 큰 종을 칩니다. 종소리를 들은 학생들은 학교 앞에 모여 함께 기도를 올리지요.

정글칼
여러 가지 용도로 사용되는 큰 칼입니다. 뉴기니 사람들은 이 칼을 집에서는 물론이고 밭일을 할 때도 요긴하게 씁니다.

빌룸
전통 가방인데 학교 갈 때는 학교가방으로도 사용하지요. 파푸아뉴기니에선 무엇이든 직접 만듭니다. 이 가방은 나뭇잎과 실로 만듭니다.

파푸아뉴기니의 학교에선 무엇을 배울까요?

파푸아뉴기니에선 모든 아이들이 학교에 갑니다. 하지만 대부분은 8학년까지만 다니고 말아요. 학교에 따라 시설이 좋은 곳도 있지만 나쁜 곳도 많아요. 대충 지붕만 얹어 놓은 작은 학교도 있거든요. 메리 시사가 다니는 학교는 6학년까지만 다니는 아이들도 많아요. 특히 여자 아이들은 학교를 일찍 그만두고 집안일을 돕거나 동생들을 보살펴야 해요. 집안이 어려워 상급학교에 갈 돈이 없기 때문이지요.

열대 우림 학교에는 교실이 하나밖에 없어요. 선생님 한 분이 전교생을 가르치지요. 학년 별로 한 책상에 앉히고 따

로따로 숙제를 내주기 때문에 괜찮아요. 선생님이 돌아가면서 한 학년씩 숙제 검사를 한답니다. 읽기, 쓰기, 셈하기 말고도 농사, 종교, 문화, 지리, 생물, 그림도 배워요. 날씨가 무척 덥지만 체육 시간은 아이들에게 인기가 높습니다.

메리 시사는 영어 시간을 제일 좋아해요. 집에서는 부족 말을 사용하는데, 몇 킬로미터 떨어진 이웃 마을에만 가도 말을 알아듣지 못해요. 거기 사람들은 다른 말을 쓰거든요. 영어와 멜라네시아 어를 섞어 만든 톡 피신과 영어를 열심히 배워두면 나중에 수도 포트모르즈비에 가서 대학에 다닐 수 있을 거예요. 메리 시사는 의사가 되고 싶어요.

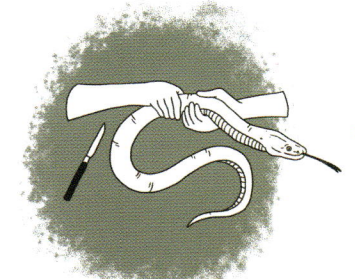

뱀 해부
파푸아뉴기니의 학교에선 수업 시간에 뱀 해부도 배워요.

춤
파푸아뉴기니의 문화에서 춤은 중요한 자리를 차지합니다. 아이들도 화려한 색으로 몸을 치장하지요. 북과 대나무 피리로 음악을 연주하면 그 음악에 맞추어 부족의 사는 모습을 춤으로 표현합니다.

우리말	톡 피신
아침식사	카카이
가족	파밀리
아이들	피키니니
동물	아부스
물	와라
공부	라이님
등굣길	로드 이고 롱 스쿨

아르헨티나

아르헨티나는 어떤 나라일까요?

아르헨티나는 땅이 독일의 7배나 되지요. 남미 대륙의 뾰족한 끝부분을 이웃 나라 칠레와 나누어 가집니다. 두 나라는 거대한 안데스 산맥도 나누어 갖는데, 그곳에는 라마와 구아나코, 푸마가 살고 있어요. 해발 6961미터로 미 대륙을 통틀어 제일 높은 산인 아콩카구아 산도 이곳에 있답니다. 저 멀리 남쪽 끝에선 대서양과 태평양이 서로 만납니다. 그래서 춥고 바람이 세차게 불지만 펭귄과 바다사자와 대왕고래는 날씨가 험해도 씩씩하게 잘 살아요. 대부분의 사람들이 수도 부에노스아이레스와 로사리오, 코르도바, 멘도사, 살타 같은 큰 도시에서 살기 때문에 다른 고장은 인적이 드물지요. 드넓은 팜파 한 가운데에 작은 마을들이 드문드문 흩어져 있어요. 팜파는 풀과 키 작은 잡목이 자라는 메마른 땅인데 평평한 곳도 있고 구릉 진 곳도 있어요. 이런 곳에 있는 큰 목장들은 에스탄시아라고 부르는데, 큰 것은 면적이 독일 튀링엔 주(우리나라 충청도의 넓이 정도)만 한 것도 있다고 해요.

목장에선 소와 양들이 일 년 내내 밖에서 풀을 뜯어요. 아르헨티나 카우보이 가우초가 소와 양을 지키지요. 예전에는 말을 타고 다녔지만 요즘은 랜드로버를 타고 다닌다고 하네요.

마테 차
아르헨티나 사람들이 좋아하는 허브차입니다. 어른들은 특유의 조롱박 컵에 차를 담아서 봄빌라라는 마테 차 빨대를 이용해 하루 종일 마테차를 마십니다. 하지만 아이들은 싫어해요. 맛이 쓰고 커피만큼 카페인이 많이 들어 있거든요.

소고기
아르헨티나 소고기는 전 세계로 수출된답니다.

아르헨티나의 친구들은 어떻게 살까요?

발렌티나와 마누엘은 부모님과 함께 파타고니아에서 삽니다. 파타고니아는 아르헨티나의 남쪽 제일 끝에 있어요. 스페인어를 쓰는 나라 사람들은 대부분 그렇듯이 발렌티나와 마누엘도 성이 두 개입니다. 그래서 이름이 아빠 성 로페즈와 엄마 성 페르난데스를 합쳐서 발렌티나 로페스 페르난데스, 마누엘 로페스 페르난데스이죠. 아빠는 가우초라서 큰 목장 에스탄시아에서 소를 지킵니다. 도시와 워낙 멀리 떨어져 있어서 부에노스아이레스 같은 큰 도시에 사는 친구들은 당연하게 생각하는 것들이 이곳엔 하나도 없어요. 극장도 없고 식당도 없고 체육관도 없지요. 그래도 아이들은 드넓은 목장에서 마음껏 뛰놀 수 있어요. 조금 더 자라면 말을 타고 끝없는 팜파를 달려 소풍을 갈 수도 있지요. 아침에 눈을 뜨면 온 가족이 피곤해요. 어제 밤늦게 잠자리에 들었기 때문이죠. 아르헨티나에선 저녁 식사를 9시에서 10시 사이에 시작해요. 그리고 매일 밤 그릴에 큼지막한 소고기를 구워 먹지요. 온 가족이 고기라면 사족을 못 쓰는 고기 귀신들이에요. 여기 시골에선 고기가 엄청나게 싸거든요. 그래서 아침은 간단하게 먹어요. 부모님은 커피나 마테 차 한 잔에 메디알루나 (반달 모양 크루아상) 한 개, 아이들은 우유 한 잔에 달콤한 캐러멜 크림을 바른 토스트 한 쪽이면 충분하지요.

아침식사

잼 바른 흰 빵
(토스타도스 콘 마르멜라다)

우유로 만든 캐러멜 크림
(둘세데레체)

퍼프페이스트로 만든 비스킷
(크리올리타)

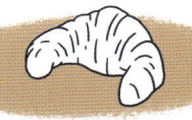

반달 모양 크루아상
(메디알루나)

오렌지주스, 물, 커피
(수모 데 나랑하, 아구아, 카페)

아르헨티나의 친구들은 어떻게 학교에 갈까요?

발렌티나와 마누엘은 늦게 잠자리에 들기 때문에 아침마다 일어나기가 힘들어요. 그래서 학교가 파하고 집에 돌아와 시에스타 시간에 부족한 잠을 보충하지요. 하지만 시에스타는 아직 멀었으니 먼저 학교에 가야하겠죠? 에스탄시아에선 아이들이 일찍부터 말을 탑니다. 발렌티나도 말을 잘 탈 줄 알아서 말을 타고 학교에 가지요. 어떨 땐 동생도 함께 태워서 갑니다. 동생은 유치원에 다니는데 아직 어려서 혼자서 말을 탈 줄 모르거든요. 날씨가 추울 때도 있지만 그래도 매일 아침 말을 타고 달리면 기분이 상쾌합니다. 드넓은 목장에는 신호등도 없고 횡단보도도 없으니까 신나게 달려도 되지요. 하지만 가끔씩 팜파를 유유자적 걸어 다니는 소떼를 만나면 조심해야 해요. 이곳에는 사람보다 소가 훨씬 더 많으니까요.

아르헨티나에 사는 친구들이 전부 발렌티나와 마누엘처럼 학교에 가는 것은 아니에요. 친구들이 발렌티나의 등굣길을 보면 아마 엄청 부러워할 거예요. 친구들은 걸어서 가거나 부모님 차를 타고 가거든요.

콘도르와 구아나코
파타고니아를 대표하는 야생동물이랍니다.

교복
초등학생들은 얇은 외투 모양의 흰색 교복을 입어요.

우리말	스페인어
학교	에스쿠엘라
아이들	니뇨스
친구	아미고
음식	코미다
가족	파밀리아
말	카바요
동물	아니말레스
공부	에스투디아르
등굣길	카미노 알 라 에스쿠엘라

축구
아르헨티나의 국민 스포츠에요. 아이들은 쉬는 시간마다 운동장에서 공을 찹니다.

엠파나다
밀가루 반죽에 치즈와 고기를 넣어 구운 요리입니다. 맛난 간식이지요.

탱고
부에노스아이레스의 빈민구역에서 시작된 춤이지만 지금은 전 세계에서 인기가 높아요.

아르헨티나의 학교에선 무엇을 배울까요?

수업은 보통 아침 7시 30분에 시작합니다. 시골에선 점심시간 전에 수업이 끝나지요. 학생들은 모두 교복을 입어야 하는데, 초등학생의 교복은 흰색의 얇은 외투 모양입니다. 수업을 시작하기 전에 모두 강당에 모여 국기를 게양하고 국가를 부릅니다. 아르헨티나 사람들은 애국심이 높고 축구 선수들을 무척 자랑스러워합니다. 아르헨티나 국가 대표 팀이 벌써 두 번이나 월드컵에서 우승을 했거든요. 슈퍼스타 디에고 마라도나와 리오넬 메시는 세계적으로 유명한 축구 선수지요. 선생님은 학생들을 친구처럼 대합니다. 인사를 할 때는 서로 뺨에 키스를 하고 학생들은 선생님을 "프로페"라고 부릅니다. 선생님이라는 뜻의 "프로페소르"를 귀엽게 줄인 말이지요. 특히 아침마다 출석 체크를 하고 학생들의 질문에 대답을 해주시는 지도교사는 아이들에게 인기가 많답니다. 에스탄시아의 학교는 작아서 학생도 몇 명 되지 않아요. 그래도 발렌티나는 열심히 공부해서 이웃 도시에 있는 상급학교로 진학하는 꿈을 꿉니다. 시골 생활이 정말 재미있지만 아빠처럼 소를 지키며 살고 싶지는 않거든요. 발렌티나는 나중에 부에노스 아이레스에 가서 살고 싶어요. 유명한 탱고 댄서가 되고 싶거든요.

미국은 어떤 나라일까요?

미국은 미합중국의 준말이에요. 대서양과 태평양을 양쪽에 끼고 넓은 땅에 48개의 주가 다닥다닥 붙어 있어요. 거기에 북서쪽의 알래스카와 저 먼 바다의 하와이 섬을 합쳐서 총 50개의 주가 모여 미합중국이 되었지요.

예전에는 많은 인디언 부족이 미대륙 전체에 흩어져 살았어요. 그런데 유럽 사람들이 몰려와 원주민들을 죽이고 남은 사람들은 작은 보호구역으로 몰아버렸지요. 그 때부터 미대륙에서 새 삶을 시작하고 싶은 전 세계 사람들이 이곳으로 건너왔답니다. 그래서 미국은 다양한 국적과 피부색과 전통이 뒤섞여 어우러진 나라입니다. 대부분의 지역에선 영어를 사용하지만 멕시코 국경 근처에선 스페인어도 자주 사용합니다.

미국의 중심에는 어마어마하게 큰 밀밭과 옥수수 밭이 있습니다. 하지만 대부분의 미국 사람들은 큰 도시나 도시 근교에서 살아요. 미국은 세계에서 가장 힘이 센 경제대국이자 산업 국가이기 때문에 도시에 일자리가 많거든요. 애플에서부터 코카콜라까지 전부 미국 회사니까요. 특히 뉴욕은 하늘을 찌르는 높은 빌딩이 참 많습니다. 시카고, 마이애미, 로스앤젤레스, 샌프란시스코 같은 다른 도시에도 고층건물이 많아요.

아침식사

픽업트럭
가정에서 쓰는 작은 트럭이에요.
짐칸에 짐을 잔뜩 실을 수 있어요.

미국의 친구들은 어떻게 살까요?

파커 네는 캘리포니아 근교의 작은 집에서 삽니다. 거리를 따라 비슷하게 생긴 집들이 쭉 늘어서 있어요. 집집마다 잘 가꾼 잔디밭이 깔려 있고 큰 차고가 딸려 있답니다. 그런 주택가에는 가게가 없기 때문에 볼 일을 보려면 무조건 차를 타고 나가야 해요. 파커 네는 픽업트럭이 있는데 회사에 갈 때도, 장을 볼 때도, 운동하러 갈 때도, 주말에 나들이 갈 때도 그 트럭을 타고 갑니다.

파커네 온 가족은 아침마다 허둥지둥 합니다. 부모님은 출근을 하셔야 하고 세 아이들, 제리, 에이미, 짐은 학교에 가야 하거든요. 부모님의 일터와 아이들의 학교는 한참 멀어서 서둘러야 해요. 온 식구가 차례차례 부엌으로 들어옵니다. 엄마가 벌써 식탁에 아침을 차려놓았어요. 엄마는 아침을 먹으며 스마트폰으로 새로운 뉴스가 있는지, 출근길이 막히는지 확인합니다.

시간이 없기 때문에 제리와 에이미는 우유에 만 콘플레이크와 오렌지 주스로 대충 아침을 때웁니다. 맛난 블루베리 머핀 한 조각은 손에 들고서 스쿨버스 타러 가는 길에 먹습니다. 막내 짐은 아빠가 죽을 떠먹여 줍니다. 그리고 아빠 차에 태워 어린이집에 데려다 주지요. 모두가 주말을 기다립니다. 주말 아침에는 느긋하게 앉아서 팬케이크와 브라우니, 베이컨과 콩을 넣은 스크램블에그를 먹을 수 있거든요.

       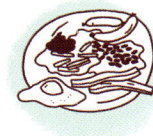  

팬케익 / 도넛 / 와플 / 브라우니 / 머핀 / 콘플레이크와 우유 / 베이글 / 계란, 베이컨, 콩, 소시지 / 잼 바른 토스트 / 우유

미국의 친구들은 어떻게 학교에 갈까요?

파커 네가 사는 주택가에는 학교가 없습니다. 그래서 에이미와 제리는 매일 아침 이웃집 친구들과 함께 스쿨버스를 기다리지요. 미국의 스쿨버스는 샛노란 색이에요. 학교를 마치고 오후에 집에 올 때도 스쿨버스가 데려다 줍니다. 아이들이 길을 건널 때는 등하교길 지도원이 빨간 "스톱" 표지판을 들고 자동차를 세워줍니다. 그래서 아이들은 안전하게 길을 건너 버스에 탈 수 있어요. 버스 안은 항상 시끌벅적합니다. 친구들이 만나 수다를 떨기 때문이지요. 기사님이 백미러로 보면서 주의를 주지만 그래봤자 소용없어요. 아이들은 할 말이 너무 많거든요.

에이미는 수학 공책을 꺼내 자기 것과 친구 리사의 것을 비교해볼 생각입니다. 하지만 너무 시끄러워서 통 집중을 할 수가 없네요. 에이미는 하는 수 없어 공책을 도로 집어넣고 창밖을 내다봅니다. 고층 건물이 정말 많아요. 에이미는 나중에 커서 제일 높은 건물의 제일 꼭대기 층에서 일하고 싶어요. 그럼 온 도시가 자기 발밑에 있을 테니까요. 오늘은 상상의 나래를 펼 시간이 많습니다. 스쿨버스가 꽉 막힌 도로에 붙들려 버렸거든요. 그래도 버스는 수업 시간에 맞춰 늦지 않게 학교에 도착합니다.

부모님 차
많은 아이들이 부모님 차를 타고 학교에 갑니다.

점심도시락
샌드위치와 비스킷을 도시락에 담아서 가방에 넣어 학교에 가지고 갑니다.

학생등하교길 지도원
차를 세우고 아이들이 안전하게 길을 건널 수 있게 도와줍니다.

미국의 학교에선 무엇을 배울까요?

학교에 도착하면 모두들 먼저 라커로 갑니다. 에이미와 제리도 친구들처럼 자기만의 라커가 있어서 거기에 외투를 벗어 겁니다. 점심 도시락과 1교시에 쓰지 않을 교과서도 거기에 넣어둡니다. 그리고 교실로 들어가 국기에 대한 맹세를 합니다. 매일 아침 아이들은 훌륭한 미국인이 되겠다는 맹세를 합니다. 그리고 나면 드디어 수업이 시작되지요.

교실 앞쪽에 서서 수업을 하는 선생님은 많지 않아요. 학생들은 소그룹으로 앉아서 혼자 공부를 하거나 함께 과제를 하지요. 태블릿으로 검색을 하고 컴퓨터에 기록을 하기도 해요. 제리는 오늘 오후에 체육 시간이 들어 있어서 벌써부터 신이 났어요. 체육 시간에 미식축구를 하면 좋을 텐데, 하고 생각해요. 야구는 별로예요. 방망이를 아무리 휘둘러도 작은 공이 잘 안 맞거든요. 에이미는 운동을 그닥 좋아하지 않아요. 대신 오늘 지리 시험을 쳤는데 친구들보다 빨리 풀었어요. 그래서 남은 시간에 또 상상의 나래를 펼쳤답니다. 학교를 마치고 졸업을 하면 어떨까요? 멋진 졸업 파티가 열릴 테고 대학에 진학할 거예요. 에이미는 대학에서 컴퓨터공학을 공부하고 싶어요.

라커
아이들은 이곳에
물건을 보관합니다.

박사모
졸업식에선 모두가
이 모자를 쓰지요.

치어 걸
미식축구 경기가 열리면 여자아이들이
춤을 추고 노래를 불러 자기 팀을 응원합니다.

인기 스포츠
미식축구와 야구

우리말	영어
학생	스튜던트
학교	스쿨
아침	브렉퍼스트
스쿨버스	스쿨버스
친구	프렌드
안녕	헬로
고마워	땡큐
가족	패밀리
등굣길	웨이 투 스쿨

이제 여러분의 차례예요.
여러분의 학교 가는 길은 어떤가요?
한 번 적어보세요.

Wir gehen zur Schule!
Von Kenia bis Amerika
by Lena Schaffer
Copyright © 2019, Gerstenberg Verlag, Hildesheim, Germany

All rights reserved. No part of this book may be used or reproduced in any manner whatever without written permission except in the case of brief quotations embodied in critical articles or reviews.

Korean Translation Copyright © 2019 by Saenggakuijip
Korean edition is published by arrangement with Gerstenberg Verlag through BC Agency, Seoul

이 책의 한국어판 저작권은 BC에이전시를 통한 저작권사와의 독점 계약으로 '생각의 집'에 있습니다. 저작권법에 의해 보호를 받는 저작물이므로 무단 전제와 복제를 금합니다.

알마와 안톤
그리고 세상의 모든 아이들을 위해

학교 가는 길 케냐에서 미국까지

초판 1쇄 발행 2019년 12월 9일
글 ★ 레나 샤퍼 & 폴커 메호너르트
그림 ★ 레나 샤퍼
번역 ★ 장혜경
펴낸이 ★ 권영주
펴낸곳 ★ 생각의집
디자인 ★ design mari
출판등록번호 ★ 제 396-2012-000215호
주소 ★ 경기도 고양시 일산서구 후곡로 60, 302-901
전화 ★ 070·7524·6122
팩스 ★ 0505·330·6133
이메일 ★ jip2013@naver.com
ISBN ★ 979-11-85653-63-1 (73850)
CIP ★ 2019046957

품명 어린이 도서	**제조년월** 2019년 12월
사용연령 6세 이상	**제조자명** 생각의집
제조국 대한민국	**연락처** 070-7524-6122

주소 경기도 고양시 일산서구 후곡로 60, 302-901
주의사항 종이에 베이거나 긁히지 않도록 주의하세요.
KC마크는 이 제품이 공통안전기준에 적합하였음을 뜻합니다.

지은이 _ 레나 샤퍼
1987년에 칠레의 산티아고에서 태어났어요. 독일 함부르크 응용과학대학과 스페인 발렌시아 예술 디자인 학교에서 공부했어요. 함부르크에서 대학에 다닐 때부터 일러스트 작가로 활동을 했고, 함부르크 응용과학대학 졸업 작품이 책이 되어 나왔어요. 제목이 『동물들이 협동하면』이에요. 작가의 첫 작품이지요. 그리고 우리 이 책이 작가의 두 번째 그림책이랍니다.

옮긴이 _ 장혜경
연세대학교 독어독문학과를 졸업하고 같은 대학 대학원에서 박사 과정을 수료했다. 독일 학술교류처 장학생으로 하노버에서 공부했다. 현재 전문 번역가로 활동 중이다. 옮긴 책으로는 『처음 읽는 여성 세계사』 『숲에서 1년』 『나무 수업』 『삶의 무기가 되는 심리학』 등이 있다.